REGISTRE
de Position de Compte

CE REGISTRE APPARTIENT À

....

ADRESSE

....

TÉLÉPHONE

....

E-Mail

....

	Date	Détail de l'opération	REPORT	Dépense	Recette	Solde débiteur	Solde créditeur
1.							
2.							
3.							
4.							
5.							
6.							
7.							
8.							
9.							
10.							
11.							
12.							
13.							
14.							
15.							
16.							
17.							
18.							
19.							
20.							
21.							
22.							
23.							
24.							
25.							
26.							
27.							
28.							
29.							
30.							
31.							
	Date		A Reporter	Dépense	Recette	Solde débiteur	Solde créditeur

	Date	Détail de l'opération	REPORT Dépense	Recette	Solde débiteur	Solde créditeur
1.						
2.						
3.						
4.						
5.						
6.						
7.						
8.						
9.						
10.						
11.						
12.						
13.						
14.						
15.						
16.						
17.						
18.						
19.						
20.						
21.						
22.						
23.						
24.						
25.						
26.						
27.						
28.						
29.						
30.						
31.						
	Date	Détail de l'opération A Reporter	Dépense	Recette	Solde débiteur	Solde créditeur

			REPORT			
Date	Détail de l'opération	Dépense	Recette	Solde débiteur	Solde créditeur

#	Date	Détail de l'opération	Dépense	Recette	Solde débiteur	Solde créditeur
1.						
2.						
3.						
4.						
5.						
6.						
7.						
8.						
9.						
10.						
11.						
12.						
13.						
14.						
15.						
16.						
17.						
18.						
19.						
20.						
21.						
22.						
23.						
24.						
25.						
26.						
27.						
28.						
29.						
30.						
31.						

Date	Détail de l'opération	Dépense	Recette	Solde débiteur	Solde créditeur
	A Reporter				

	Date	Détail de l'opération	Dépense	Recette	Solde débiteur	Solde créditeur
		REPORT				
1.						
2.						
3.						
4.						
5.						
6.						
7.						
8.						
9.						
10.						
11.						
12.						
13.						
14.						
15.						
16.						
17.						
18.						
19.						
20.						
21.						
22.						
23.						
24.						
25.						
26.						
27.						
28.						
29.						
30.						
31.						
	Date	Détail de l'opération — A Reporter	Dépense	Recette	Solde débiteur	Solde créditeur

			REPORT				
	Date	Détail de l'opération	Dépense	Recette	Solde débiteur	Solde créditeur
1.						
2.						
3.						
4.						
5.						
6.						
7.						
8.						
9.						
10.						
11.						
12.						
13.						
14.						
15.						
16.						
17.						
18.						
19.						
20.						
21.						
22.						
23.						
24.						
25.						
26.						
27.						
28.						
29.						
30.						
31.						
	Date	Détail de l'opération — A Reporter	Dépense	Recette	Solde débiteur	Solde créditeur

	Date	Détail de l'opération	Report	Dépense	Recette	Solde débiteur	Solde créditeur
1.							
2.							
3.							
4.							
5.							
6.							
7.							
8.							
9.							
10.							
11.							
12.							
13.							
14.							
15.							
16.							
17.							
18.							
19.							
20.							
21.							
22.							
23.							
24.							
25.							
26.							
27.							
28.							
29.							
30.							
31.							
	Date	Détail de l'opération	A Reporter	Dépense	Recette	Solde débiteur	Solde créditeur

		REPORT					
	Date	Détail de l'opération	Dépense	Recette	Solde débiteur	Solde créditeur
1.						
2.						
3.						
4.						
5.						
6.						
7.						
8.						
9.						
10.						
11.						
12.						
13.						
14.						
15.						
16.						
17.						
18.						
19.						
20.						
21.						
22.						
23.						
24.						
25.						
26.						
27.						
28.						
29.						
30.						
31.						
	Date	Détail de l'opération A Reporter	Dépense	Recette	Solde débiteur	Solde créditeur

	Date	Détail de l'opération	Dépense	Recette	Solde débiteur	Solde créditeur
		REPORT				
1.						
2.						
3.						
4.						
5.						
6.						
7.						
8.						
9.						
10.						
11.						
12.						
13.						
14.						
15.						
16.						
17.						
18.						
19.						
20.						
21.						
22.						
23.						
24.						
25.						
26.						
27.						
28.						
29.						
30.						
31.						
	Date	Détail de l'opération A Reporter	Dépense	Recette	Solde débiteur	Solde créditeur

	Date	Détail de l'opération	REPORT	Dépense	Recette	Solde débiteur	Solde créditeur
1.							
2.							
3.							
4.							
5.							
6.							
7.							
8.							
9.							
10.							
11.							
12.							
13.							
14.							
15.							
16.							
17.							
18.							
19.							
20.							
21.							
22.							
23.							
24.							
25.							
26.							
27.							
28.							
29.							
30.							
31.							
	Date	Détail de l'opération	A Reporter	Dépense	Recette	Solde débiteur	Solde créditeur

Date	Détail de l'opération	REPORT Dépense	Recette	Solde débiteur	Solde créditeur
1.					
2.					
3.					
4.					
5.					
6.					
7.					
8.					
9.					
10.					
11.					
12.					
13.					
14.					
15.					
16.					
17.					
18.					
19.					
20.					
21.					
22.					
23.					
24.					
25.					
26.					
27.					
28.					
29.					
30.					
31.					
Date	Détail de l'opération A Reporter	Dépense	Recette	Solde débiteur	Solde créditeur

	Date	Détail de l'opération	REPORT	Dépense	Recette	Solde débiteur	Solde créditeur
1.							
2.							
3.							
4.							
5.							
6.							
7.							
8.							
9.							
10.							
11.							
12.							
13.							
14.							
15.							
16.							
17.							
18.							
19.							
20.							
21.							
22.							
23.							
24.							
25.							
26.							
27.							
28.							
29.							
30.							
31.							
	Date	Détail de l'opération	A Reporter	Dépense	Recette	Solde débiteur	Solde créditeur

	Date	Détail de l'opération	Report	Dépense	Recette	Solde débiteur	Solde créditeur
1.							
2.							
3.							
4.							
5.							
6.							
7.							
8.							
9.							
10.							
11.							
12.							
13.							
14.							
15.							
16.							
17.							
18.							
19.							
20.							
21.							
22.							
23.							
24.							
25.							
26.							
27.							
28.							
29.							
30.							
31.							
	Date	Détail de l'opération	A Reporter	Dépense	Recette	Solde débiteur	Solde créditeur

Date	Détail de l'opération	Report	Dépense	Recette	Solde débiteur	Solde créditeur
1.						
2.						
3.						
4.						
5.						
6.						
7.						
8.						
9.						
10.						
11.						
12.						
13.						
14.						
15.						
16.						
17.						
18.						
19.						
20.						
21.						
22.						
23.						
24.						
25.						
26.						
27.						
28.						
29.						
30.						
31.						
Date	Détail de l'opération	A Reporter	Dépense	Recette	Solde débiteur	Solde créditeur

		REPORT				
Date	Détail de l'opération		Dépense	Recette	Solde débiteur	Solde créditeur
1.						
2.						
3.						
4.						
5.						
6.						
7.						
8.						
9.						
10.						
11.						
12.						
13.						
14.						
15.						
16.						
17.						
18.						
19.						
20.						
21.						
22.						
23.						
24.						
25.						
26.						
27.						
28.						
29.						
30.						
31.						
Date	Détail de l'opération	A Reporter	Dépense	Recette	Solde débiteur	Solde créditeur

	Date	Détail de l'opération	REPORT	Dépense	Recette	Solde débiteur	Solde créditeur
1.							
2.							
3.							
4.							
5.							
6.							
7.							
8.							
9.							
10.							
11.							
12.							
13.							
14.							
15.							
16.							
17.							
18.							
19.							
20.							
21.							
22.							
23.							
24.							
25.							
26.							
27.							
28.							
29.							
30.							
31.							
	Date	Détail de l'opération	A Reporter	Dépense	Recette	Solde débiteur	Solde créditeur

	Date	Détail de l'opération	Dépense	Recette	Solde débiteur	Solde créditeur
		REPORT				
1.						
2.						
3.						
4.						
5.						
6.						
7.						
8.						
9.						
10.						
11.						
12.						
13.						
14.						
15.						
16.						
17.						
18.						
19.						
20.						
21.						
22.						
23.						
24.						
25.						
26.						
27.						
28.						
29.						
30.						
31.						
	Date	Détail de l'opération — A Reporter	Dépense	Recette	Solde débiteur	Solde créditeur

		REPORT			
Date	Détail de l'opération	Dépense	Recette	Solde débiteur	Solde créditeur
1.					
2.					
3.					
4.					
5.					
6.					
7.					
8.					
9.					
10.					
11.					
12.					
13.					
14.					
15.					
16.					
17.					
18.					
19.					
20.					
21.					
22.					
23.					
24.					
25.					
26.					
27.					
28.					
29.					
30.					
31.					
Date	Détail de l'opération — A Reporter	Dépense	Recette	Solde débiteur	Solde créditeur

	Date	Détail de l'opération	REPORT	Dépense	Recette	Solde débiteur	Solde créditeur
1.							
2.							
3.							
4.							
5.							
6.							
7.							
8.							
9.							
10.							
11.							
12.							
13.							
14.							
15.							
16.							
17.							
18.							
19.							
20.							
21.							
22.							
23.							
24.							
25.							
26.							
27.							
28.							
29.							
30.							
31.							
	Date	Détail de l'opération	A Reporter	Dépense	Recette	Solde débiteur	Solde créditeur

			REPORT				
	Date	Détail de l'opération	Dépense	Recette	Solde débiteur	Solde créditeur
1.						
2.						
3.						
4.						
5.						
6.						
7.						
8.						
9.						
10.						
11.						
12.						
13.						
14.						
15.						
16.						
17.						
18.						
19.						
20.						
21.						
22.						
23.						
24.						
25.						
26.						
27.						
28.						
29.						
30.						
31.						
	Date	Détail de l'opération A Reporter	Dépense	Recette	Solde débiteur	Solde créditeur

		REPORT				
Date	Détail de l'opération	Dépense	Recette	Solde débiteur	Solde créditeur

	Date	Détail de l'opération	Dépense	Recette	Solde débiteur	Solde créditeur
1.						
2.						
3.						
4.						
5.						
6.						
7.						
8.						
9.						
10.						
11.						
12.						
13.						
14.						
15.						
16.						
17.						
18.						
19.						
20.						
21.						
22.						
23.						
24.						
25.						
26.						
27.						
28.						
29.						
30.						
31.						

Date	Détail de l'opération	A Reporter	Dépense	Recette	Solde débiteur	Solde créditeur

	Date	Détail de l'opération	REPORT	Dépense	Recette	Solde débiteur	Solde créditeur
1.							
2.							
3.							
4.							
5.							
6.							
7.							
8.							
9.							
10.							
11.							
12.							
13.							
14.							
15.							
16.							
17.							
18.							
19.							
20.							
21.							
22.							
23.							
24.							
25.							
26.							
27.							
28.							
29.							
30.							
31.							
			A Reporter				

		REPORT				
Date	Détail de l'opération	Dépense	Recette	Solde débiteur	Solde créditeur

#	Date	Détail de l'opération	Dépense	Recette	Solde débiteur	Solde créditeur
1.						
2.						
3.						
4.						
5.						
6.						
7.						
8.						
9.						
10.						
11.						
12.						
13.						
14.						
15.						
16.						
17.						
18.						
19.						
20.						
21.						
22.						
23.						
24.						
25.						
26.						
27.						
28.						
29.						
30.						
31.						

Date	Détail de l'opération	A Reporter	Dépense	Recette	Solde débiteur	Solde créditeur

		REPORT				
Date	Détail de l'opération	Dépense	Recette	Solde débiteur	Solde créditeur
1.					
2.					
3.					
4.					
5.					
6.					
7.					
8.					
9.					
10.					
11.					
12.					
13.					
14.					
15.					
16.					
17.					
18.					
19.					
20.					
21.					
22.					
23.					
24.					
25.					
26.					
27.					
28.					
29.					
30.					
31.					
Date	Détail de l'opération A Reporter	Dépense	Recette	Solde débiteur	Solde créditeur

		REPORT				
Date	Détail de l'opération	Dépense	Recette	Solde débiteur	Solde créditeur

	Date	Détail de l'opération	Dépense	Recette	Solde débiteur	Solde créditeur
1.						
2.						
3.						
4.						
5.						
6.						
7.						
8.						
9.						
10.						
11.						
12.						
13.						
14.						
15.						
16.						
17.						
18.						
19.						
20.						
21.						
22.						
23.						
24.						
25.						
26.						
27.						
28.						
29.						
30.						
31.						
	Date	Détail de l'opération — A Reporter	Dépense	Recette	Solde débiteur	Solde créditeur

			REPORT			
Date	Détail de l'opération	Dépense	Recette	Solde débiteur	Solde créditeur

	Date	Détail de l'opération	Dépense	Recette	Solde débiteur	Solde créditeur
1.						
2.						
3.						
4.						
5.						
6.						
7.						
8.						
9.						
10.						
11.						
12.						
13.						
14.						
15.						
16.						
17.						
18.						
19.						
20.						
21.						
22.						
23.						
24.						
25.						
26.						
27.						
28.						
29.						
30.						
31.						
	Date	À Reporter	Dépense	Recette	Solde débiteur	Solde créditeur

			REPORT				
	Date	Détail de l'opération	Dépense	Recette	Solde débiteur	Solde créditeur
1.						
2.						
3.						
4.						
5.						
6.						
7.						
8.						
9.						
10.						
11.						
12.						
13.						
14.						
15.						
16.						
17.						
18.						
19.						
20.						
21.						
22.						
23.						
24.						
25.						
26.						
27.						
28.						
29.						
30.						
31.						
	Date	Détail de l'opération A Reporter	Dépense	Recette	Solde débiteur	Solde créditeur

	Date	Détail de l'opération	Dépense	Recette	Solde débiteur	Solde créditeur
		REPORT				
1.						
2.						
3.						
4.						
5.						
6.						
7.						
8.						
9.						
10.						
11.						
12.						
13.						
14.						
15.						
16.						
17.						
18.						
19.						
20.						
21.						
22.						
23.						
24.						
25.						
26.						
27.						
28.						
29.						
30.						
31.						
	Date	Détail de l'opération	Dépense	Recette	Solde débiteur	Solde créditeur
		A Reporter				

	Date	Détail de l'opération	Dépense	Recette	Solde débiteur	Solde créditeur
		REPORT				
1.						
2.						
3.						
4.						
5.						
6.						
7.						
8.						
9.						
10.						
11.						
12.						
13.						
14.						
15.						
16.						
17.						
18.						
19.						
20.						
21.						
22.						
23.						
24.						
25.						
26.						
27.						
28.						
29.						
30.						
31.						
	Date	Détail de l'opération — A Reporter	Dépense	Recette	Solde débiteur	Solde créditeur

		REPORT				
Date	Détail de l'opération	Dépense	Recette	Solde débiteur	Solde créditeur
1.					
2.					
3.					
4.					
5.					
6.					
7.					
8.					
9.					
10.					
11.					
12.					
13.					
14.					
15.					
16.					
17.					
18.					
19.					
20.					
21.					
22.					
23.					
24.					
25.					
26.					
27.					
28.					
29.					
30.					
31.					
Date	Détail de l'opération A Reporter	Dépense	Recette	Solde débiteur	Solde créditeur

		REPORT			
Date	Détail de l'opération	Dépense	Recette	Solde débiteur	Solde créditeur
1.					
2.					
3.					
4.					
5.					
6.					
7.					
8.					
9.					
10.					
11.					
12.					
13.					
14.					
15.					
16.					
17.					
18.					
19.					
20.					
21.					
22.					
23.					
24.					
25.					
26.					
27.					
28.					
29.					
30.					
31.					
Date	Détail de l'opération A Reporter	Dépense	Recette	Solde débiteur	Solde créditeur

	Date	Détail de l'opération	Dépense	Recette	Solde débiteur	Solde créditeur
		REPORT				
1.						
2.						
3.						
4.						
5.						
6.						
7.						
8.						
9.						
10.						
11.						
12.						
13.						
14.						
15.						
16.						
17.						
18.						
19.						
20.						
21.						
22.						
23.						
24.						
25.						
26.						
27.						
28.						
29.						
30.						
31.						
	Date	A Reporter	Dépense	Recette	Solde débiteur	Solde créditeur

	Date	Détail de l'opération	Dépense	Recette	Solde débiteur	Solde créditeur
		REPORT				
1.						
2.						
3.						
4.						
5.						
6.						
7.						
8.						
9.						
10.						
11.						
12.						
13.						
14.						
15.						
16.						
17.						
18.						
19.						
20.						
21.						
22.						
23.						
24.						
25.						
26.						
27.						
28.						
29.						
30.						
31.						
		A Reporter				

			REPORT			
Date	Détail de l'opération	Dépense	Recette	Solde débiteur	Solde créditeur

#	Date	Détail de l'opération	Dépense	Recette	Solde débiteur	Solde créditeur
1.						
2.						
3.						
4.						
5.						
6.						
7.						
8.						
9.						
10.						
11.						
12.						
13.						
14.						
15.						
16.						
17.						
18.						
19.						
20.						
21.						
22.						
23.						
24.						
25.						
26.						
27.						
28.						
29.						
30.						
31.						
		A Reporter	Dépense	Recette	Solde débiteur	Solde créditeur

	Date	Détail de l'opération	REPORT Dépense	Recette	Solde débiteur	Solde créditeur
1.						
2.						
3.						
4.						
5.						
6.						
7.						
8.						
9.						
10.						
11.						
12.						
13.						
14.						
15.						
16.						
17.						
18.						
19.						
20.						
21.						
22.						
23.						
24.						
25.						
26.						
27.						
28.						
29.						
30.						
31.						
	Date	Détail de l'opération A Reporter	Dépense	Recette	Solde débiteur	Solde créditeur

	Date	Détail de l'opération	Dépense	Recette	Solde débiteur	Solde créditeur
		REPORT				
1.						
2.						
3.						
4.						
5.						
6.						
7.						
8.						
9.						
10.						
11.						
12.						
13.						
14.						
15.						
16.						
17.						
18.						
19.						
20.						
21.						
22.						
23.						
24.						
25.						
26.						
27.						
28.						
29.						
30.						
31.						
	Date	A Reporter	Dépense	Recette	Solde débiteur	Solde créditeur

	REPORT				
Date	Détail de l'opération	Dépense	Recette	Solde débiteur	Solde créditeur
1.					
2.					
3.					
4.					
5.					
6.					
7.					
8.					
9.					
10.					
11.					
12.					
13.					
14.					
15.					
16.					
17.					
18.					
19.					
20.					
21.					
22.					
23.					
24.					
25.					
26.					
27.					
28.					
29.					
30.					
31.					
Date	Détail de l'opération A Reporter	Dépense	Recette	Solde débiteur	Solde créditeur

		REPORT			
Date	Détail de l'opération	Dépense	Recette	Solde débiteur	Solde créditeur
1.					
2.					
3.					
4.					
5.					
6.					
7.					
8.					
9.					
10.					
11.					
12.					
13.					
14.					
15.					
16.					
17.					
18.					
19.					
20.					
21.					
22.					
23.					
24.					
25.					
26.					
27.					
28.					
29.					
30.					
31.					
Date	Détail de l'opération	Dépense	Recette	Solde débiteur	Solde créditeur
	A Reporter				

		REPORT				
Date	Détail de l'opération	Dépense	Recette	Solde débiteur	Solde créditeur
1.					
2.					
3.					
4.					
5.					
6.					
7.					
8.					
9.					
10.					
11.					
12.					
13.					
14.					
15.					
16.					
17.					
18.					
19.					
20.					
21.					
22.					
23.					
24.					
25.					
26.					
27.					
28.					
29.					
30.					
31.					
Date	Détail de l'opération — A Reporter	Dépense	Recette	Solde débiteur	Solde créditeur

Date	Détail de l'opération	Dépense	Recette	Solde débiteur	Solde créditeur
	REPORT				
1.					
2.					
3.					
4.					
5.					
6.					
7.					
8.					
9.					
10.					
11.					
12.					
13.					
14.					
15.					
16.					
17.					
18.					
19.					
20.					
21.					
22.					
23.					
24.					
25.					
26.					
27.					
28.					
29.					
30.					
31.					
	A Reporter				

		REPORT				
Date	Détail de l'opération	Dépense	Recette	Solde débiteur	Solde créditeur
1.						
2.						
3.						
4.						
5.						
6.						
7.						
8.						
9.						
10.						
11.						
12.						
13.						
14.						
15.						
16.						
17.						
18.						
19.						
20.						
21.						
22.						
23.						
24.						
25.						
26.						
27.						
28.						
29.						
30.						
31.						
Date	Détail de l'opération	A Reporter	Dépense	Recette	Solde débiteur	Solde créditeur

			REPORT			
Date	Détail de l'opération	Dépense	Recette	Solde débiteur	Solde créditeur

	Date	Détail de l'opération	Dépense	Recette	Solde débiteur	Solde créditeur
1.						
2.						
3.						
4.						
5.						
6.						
7.						
8.						
9.						
10.						
11.						
12.						
13.						
14.						
15.						
16.						
17.						
18.						
19.						
20.						
21.						
22.						
23.						
24.						
25.						
26.						
27.						
28.						
29.						
30.						
31.						
	Date	A Reporter	Dépense	Recette	Solde débiteur	Solde créditeur

	REPORT				
Date	Détail de l'opération	Dépense	Recette	Solde débiteur	Solde créditeur
1.					
2.					
3.					
4.					
5.					
6.					
7.					
8.					
9.					
10.					
11.					
12.					
13.					
14.					
15.					
16.					
17.					
18.					
19.					
20.					
21.					
22.					
23.					
24.					
25.					
26.					
27.					
28.					
29.					
30.					
31.					
Date	Détail de l'opération — A Reporter	Dépense	Recette	Solde débiteur	Solde créditeur

		REPORT				
Date	Détail de l'opération	Dépense	Recette	Solde débiteur	Solde créditeur

	Date	Détail de l'opération	Dépense	Recette	Solde débiteur	Solde créditeur
1.						
2.						
3.						
4.						
5.						
6.						
7.						
8.						
9.						
10.						
11.						
12.						
13.						
14.						
15.						
16.						
17.						
18.						
19.						
20.						
21.						
22.						
23.						
24.						
25.						
26.						
27.						
28.						
29.						
30.						
31.						
	Date	Détail de l'opération	Dépense	Recette	Solde débiteur	Solde créditeur
		A Reporter				

	Date	Détail de l'opération	Dépense	Recette	Solde débiteur	Solde créditeur
		REPORT				
1.						
2.						
3.						
4.						
5.						
6.						
7.						
8.						
9.						
10.						
11.						
12.						
13.						
14.						
15.						
16.						
17.						
18.						
19.						
20.						
21.						
22.						
23.						
24.						
25.						
26.						
27.						
28.						
29.						
30.						
31.						
		A Reporter				

			REPORT			
	Date	Détail de l'opération	Dépense	Recette	Solde débiteur	Solde créditeur
1.						
2.						
3.						
4.						
5.						
6.						
7.						
8.						
9.						
10.						
11.						
12.						
13.						
14.						
15.						
16.						
17.						
18.						
19.						
20.						
21.						
22.						
23.						
24.						
25.						
26.						
27.						
28.						
29.						
30.						
31.						
	Date	Détail de l'opération	Dépense	Recette	Solde débiteur	Solde créditeur
		A Reporter				

			REPORT			
	Date	Détail de l'opération	Dépense	Recette	Solde débiteur	Solde créditeur
1.						
2.						
3.						
4.						
5.						
6.						
7.						
8.						
9.						
10.						
11.						
12.						
13.						
14.						
15.						
16.						
17.						
18.						
19.						
20.						
21.						
22.						
23.						
24.						
25.						
26.						
27.						
28.						
29.						
30.						
31.						
	Date	Détail de l'opération A Reporter	Dépense	Recette	Solde débiteur	Solde créditeur

		REPORT				
Date	Détail de l'opération	Dépense	Recette	Solde débiteur	Solde créditeur
1.					
2.					
3.					
4.					
5.					
6.					
7.					
8.					
9.					
10.					
11.					
12.					
13.					
14.					
15.					
16.					
17.					
18.					
19.					
20.					
21.					
22.					
23.					
24.					
25.					
26.					
27.					
28.					
29.					
30.					
31.					
Date	Détail de l'opération / A Reporter	Dépense	Recette	Solde débiteur	Solde créditeur

	Date	Détail de l'opération	Dépense	Recette	Solde débiteur	Solde créditeur
		REPORT				
1.						
2.						
3.						
4.						
5.						
6.						
7.						
8.						
9.						
10.						
11.						
12.						
13.						
14.						
15.						
16.						
17.						
18.						
19.						
20.						
21.						
22.						
23.						
24.						
25.						
26.						
27.						
28.						
29.						
30.						
31.						
Date		A Reporter	Dépense	Recette	Solde débiteur	Solde créditeur

	Date	Détail de l'opération	Dépense	Recette	Solde débiteur	Solde créditeur
		REPORT				
1.						
2.						
3.						
4.						
5.						
6.						
7.						
8.						
9.						
10.						
11.						
12.						
13.						
14.						
15.						
16.						
17.						
18.						
19.						
20.						
21.						
22.						
23.						
24.						
25.						
26.						
27.						
28.						
29.						
30.						
31.						
	Date	Détail de l'opération — A Reporter	Dépense	Recette	Solde débiteur	Solde créditeur

		REPORT				
Date	Détail de l'opération	Dépense	Recette	Solde débiteur	Solde créditeur
1.					
2.					
3.					
4.					
5.					
6.					
7.					
8.					
9.					
10.					
11.					
12.					
13.					
14.					
15.					
16.					
17.					
18.					
19.					
20.					
21.					
22.					
23.					
24.					
25.					
26.					
27.					
28.					
29.					
30.					
31.					
Date	Détail de l'opération — A Reporter	Dépense	Recette	Solde débiteur	Solde créditeur

			REPORT			
Date	Détail de l'opération	Dépense	Recette	Solde débiteur	Solde créditeur

	Date	Détail de l'opération	Dépense	Recette	Solde débiteur	Solde créditeur
1.						
2.						
3.						
4.						
5.						
6.						
7.						
8.						
9.						
10.						
11.						
12.						
13.						
14.						
15.						
16.						
17.						
18.						
19.						
20.						
21.						
22.						
23.						
24.						
25.						
26.						
27.						
28.						
29.						
30.						
31.						
	Date	Détail de l'opération — A Reporter	Dépense	Recette	Solde débiteur	Solde créditeur

			REPORT					
	Date	Détail de l'opération	Dépense		Recette		Solde débiteur	Solde créditeur
1.								
2.								
3.								
4.								
5.								
6.								
7.								
8.								
9.								
10.								
11.								
12.								
13.								
14.								
15.								
16.								
17.								
18.								
19.								
20.								
21.								
22.								
23.								
24.								
25.								
26.								
27.								
28.								
29.								
30.								
31.								
	Date	Détail de l'opération	Dépense		Recette		Solde débiteur	Solde créditeur
		A Reporter						

	Date	Détail de l'opération	Dépense	Recette	Solde débiteur	Solde créditeur
		REPORT				
1.						
2.						
3.						
4.						
5.						
6.						
7.						
8.						
9.						
10.						
11.						
12.						
13.						
14.						
15.						
16.						
17.						
18.						
19.						
20.						
21.						
22.						
23.						
24.						
25.						
26.						
27.						
28.						
29.						
30.						
31.						
		A Reporter				

		REPORT				
Date	Détail de l'opération	Dépense	Recette	Solde débiteur	Solde créditeur

	Date	Détail de l'opération	Dépense	Recette	Solde débiteur	Solde créditeur
1.						
2.						
3.						
4.						
5.						
6.						
7.						
8.						
9.						
10.						
11.						
12.						
13.						
14.						
15.						
16.						
17.						
18.						
19.						
20.						
21.						
22.						
23.						
24.						
25.						
26.						
27.						
28.						
29.						
30.						
31.						
	Date	Détail de l'opération — A Reporter	Dépense	Recette	Solde débiteur	Solde créditeur

			REPORT				
	Date	Détail de l'opération	Dépense	Recette	Solde débiteur	Solde créditeur
1.						
2.						
3.						
4.						
5.						
6.						
7.						
8.						
9.						
10.						
11.						
12.						
13.						
14.						
15.						
16.						
17.						
18.						
19.						
20.						
21.						
22.						
23.						
24.						
25.						
26.						
27.						
28.						
29.						
30.						
31.						
		A Reporter				

	Date	Détail de l'opération	Dépense	Recette	Solde débiteur	Solde créditeur
		REPORT				
1.						
2.						
3.						
4.						
5.						
6.						
7.						
8.						
9.						
10.						
11.						
12.						
13.						
14.						
15.						
16.						
17.						
18.						
19.						
20.						
21.						
22.						
23.						
24.						
25.						
26.						
27.						
28.						
29.						
30.						
31.						
	Date	A Reporter	Dépense	Recette	Solde débiteur	Solde créditeur

	Date	Détail de l'opération	Dépense	Recette	Solde débiteur	Solde créditeur
		REPORT				
1.						
2.						
3.						
4.						
5.						
6.						
7.						
8.						
9.						
10.						
11.						
12.						
13.						
14.						
15.						
16.						
17.						
18.						
19.						
20.						
21.						
22.						
23.						
24.						
25.						
26.						
27.						
28.						
29.						
30.						
31.						
		A Reporter				

	Date	Détail de l'opération	REPORT	Dépense	Recette	Solde débiteur	Solde créditeur
1.							
2.							
3.							
4.							
5.							
6.							
7.							
8.							
9.							
10.							
11.							
12.							
13.							
14.							
15.							
16.							
17.							
18.							
19.							
20.							
21.							
22.							
23.							
24.							
25.							
26.							
27.							
28.							
29.							
30.							
31.							
	Date	Détail de l'opération	A Reporter	Dépense	Recette	Solde débiteur	Solde créditeur

			REPORT				
	Date	Détail de l'opération	Dépense	Recette	Solde débiteur	Solde créditeur
1.						
2.						
3.						
4.						
5.						
6.						
7.						
8.						
9.						
10.						
11.						
12.						
13.						
14.						
15.						
16.						
17.						
18.						
19.						
20.						
21.						
22.						
23.						
24.						
25.						
26.						
27.						
28.						
29.						
30.						
31.						
	Date	Détail de l'opération	Dépense	Recette	Solde débiteur	Solde créditeur
		A Reporter				

Date	Détail de l'opération		Dépense	Recette	Solde débiteur	Solde créditeur
		REPORT				
1.						
2.						
3.						
4.						
5.						
6.						
7.						
8.						
9.						
10.						
11.						
12.						
13.						
14.						
15.						
16.						
17.						
18.						
19.						
20.						
21.						
22.						
23.						
24.						
25.						
26.						
27.						
28.						
29.						
30.						
31.						
Date	Détail de l'opération	A Reporter	Dépense	Recette	Solde débiteur	Solde créditeur

	Date	Détail de l'opération	Report	Dépense	Recette	Solde débiteur	Solde créditeur
1.							
2.							
3.							
4.							
5.							
6.							
7.							
8.							
9.							
10.							
11.							
12.							
13.							
14.							
15.							
16.							
17.							
18.							
19.							
20.							
21.							
22.							
23.							
24.							
25.							
26.							
27.							
28.							
29.							
30.							
31.							
		A Reporter					

			REPORT				
	Date	Détail de l'opération		Dépense	Recette	Solde débiteur	Solde créditeur
1.							
2.							
3.							
4.							
5.							
6.							
7.							
8.							
9.							
10.							
11.							
12.							
13.							
14.							
15.							
16.							
17.							
18.							
19.							
20.							
21.							
22.							
23.							
24.							
25.							
26.							
27.							
28.							
29.							
30.							
31.							
	Date		A Reporter	Dépense	Recette	Solde débiteur	Solde créditeur

	Date	Détail de l'opération	Dépense	Recette	Solde débiteur	Solde créditeur
		REPORT				
1.						
2.						
3.						
4.						
5.						
6.						
7.						
8.						
9.						
10.						
11.						
12.						
13.						
14.						
15.						
16.						
17.						
18.						
19.						
20.						
21.						
22.						
23.						
24.						
25.						
26.						
27.						
28.						
29.						
30.						
31.						
	Date	Détail de l'opération — A Reporter	Dépense	Recette	Solde débiteur	Solde créditeur

		REPORT				
Date	Détail de l'opération	Dépense	Recette	Solde débiteur	Solde créditeur
1.					
2.					
3.					
4.					
5.					
6.					
7.					
8.					
9.					
10.					
11.					
12.					
13.					
14.					
15.					
16.					
17.					
18.					
19.					
20.					
21.					
22.					
23.					
24.					
25.					
26.					
27.					
28.					
29.					
30.					
31.					
Date	Détail de l'opération — A Reporter	Dépense	Recette	Solde débiteur	Solde créditeur

			REPORT			
Date	Détail de l'opération	Dépense	Recette	Solde débiteur	Solde créditeur

	Date	Détail de l'opération	Dépense	Recette	Solde débiteur	Solde créditeur
1.						
2.						
3.						
4.						
5.						
6.						
7.						
8.						
9.						
10.						
11.						
12.						
13.						
14.						
15.						
16.						
17.						
18.						
19.						
20.						
21.						
22.						
23.						
24.						
25.						
26.						
27.						
28.						
29.						
30.						
31.						
		A Reporter	Dépense	Recette	Solde débiteur	Solde créditeur

Date	Détail de l'opération	REPORT	Dépense	Recette	Solde débiteur	Solde créditeur
1.						
2.						
3.						
4.						
5.						
6.						
7.						
8.						
9.						
10.						
11.						
12.						
13.						
14.						
15.						
16.						
17.						
18.						
19.						
20.						
21.						
22.						
23.						
24.						
25.						
26.						
27.						
28.						
29.						
30.						
31.						
Date	Détail de l'opération	A Reporter	Dépense	Recette	Solde débiteur	Solde créditeur

	Date	Détail de l'opération	Dépense	Recette	Solde débiteur	Solde créditeur
		REPORT				
1.						
2.						
3.						
4.						
5.						
6.						
7.						
8.						
9.						
10.						
11.						
12.						
13.						
14.						
15.						
16.						
17.						
18.						
19.						
20.						
21.						
22.						
23.						
24.						
25.						
26.						
27.						
28.						
29.						
30.						
31.						
		A Reporter				

		REPORT				
Date	Détail de l'opération	Dépense	Recette	Solde débiteur	Solde créditeur

	Date	Détail de l'opération	Dépense	Recette	Solde débiteur	Solde créditeur
1.						
2.						
3.						
4.						
5.						
6.						
7.						
8.						
9.						
10.						
11.						
12.						
13.						
14.						
15.						
16.						
17.						
18.						
19.						
20.						
21.						
22.						
23.						
24.						
25.						
26.						
27.						
28.						
29.						
30.						
31.						
	Date	A Reporter	Dépense	Recette	Solde débiteur	Solde créditeur

	REPORT				
Date	Détail de l'opération	Dépense	Recette	Solde débiteur	Solde créditeur
1.					
2.					
3.					
4.					
5.					
6.					
7.					
8.					
9.					
10.					
11.					
12.					
13.					
14.					
15.					
16.					
17.					
18.					
19.					
20.					
21.					
22.					
23.					
24.					
25.					
26.					
27.					
28.					
29.					
30.					
31.					
	A Reporter				

		REPORT			
Date	Détail de l'opération	Dépense	Recette	Solde débiteur	Solde créditeur
1.					
2.					
3.					
4.					
5.					
6.					
7.					
8.					
9.					
10.					
11.					
12.					
13.					
14.					
15.					
16.					
17.					
18.					
19.					
20.					
21.					
22.					
23.					
24.					
25.					
26.					
27.					
28.					
29.					
30.					
31.					
Date	Détail de l'opération A Reporter	Dépense	Recette	Solde débiteur	Solde créditeur

	Date	Détail de l'opération	Report	Dépense	Recette	Solde débiteur	Solde créditeur
1.							
2.							
3.							
4.							
5.							
6.							
7.							
8.							
9.							
10.							
11.							
12.							
13.							
14.							
15.							
16.							
17.							
18.							
19.							
20.							
21.							
22.							
23.							
24.							
25.							
26.							
27.							
28.							
29.							
30.							
31.							
		A Reporter					

	Date	Détail de l'opération	Dépense	Recette	Solde débiteur	Solde créditeur
		REPORT				
1.						
2.						
3.						
4.						
5.						
6.						
7.						
8.						
9.						
10.						
11.						
12.						
13.						
14.						
15.						
16.						
17.						
18.						
19.						
20.						
21.						
22.						
23.						
24.						
25.						
26.						
27.						
28.						
29.						
30.						
31.						
	Date	Détail de l'opération A Reporter	Dépense	Recette	Solde débiteur	Solde créditeur

		REPORT				
Date	Détail de l'opération	Dépense	Recette	Solde débiteur	Solde créditeur

	Date	Détail de l'opération	Dépense	Recette	Solde débiteur	Solde créditeur
1.						
2.						
3.						
4.						
5.						
6.						
7.						
8.						
9.						
10.						
11.						
12.						
13.						
14.						
15.						
16.						
17.						
18.						
19.						
20.						
21.						
22.						
23.						
24.						
25.						
26.						
27.						
28.						
29.						
30.						
31.						
		A Reporter			Solde débiteur	Solde créditeur

Date	Détail de l'opération	REPORT	Dépense	Recette	Solde débiteur	Solde créditeur
1.						
2.						
3.						
4.						
5.						
6.						
7.						
8.						
9.						
10.						
11.						
12.						
13.						
14.						
15.						
16.						
17.						
18.						
19.						
20.						
21.						
22.						
23.						
24.						
25.						
26.						
27.						
28.						
29.						
30.						
31.						
Date	Détail de l'opération	A Reporter	Dépense	Recette	Solde débiteur	Solde créditeur

	Date	Détail de l'opération	Report	Dépense	Recette	Solde débiteur	Solde créditeur
1.							
2.							
3.							
4.							
5.							
6.							
7.							
8.							
9.							
10.							
11.							
12.							
13.							
14.							
15.							
16.							
17.							
18.							
19.							
20.							
21.							
22.							
23.							
24.							
25.							
26.							
27.							
28.							
29.							
30.							
31.							
		A Reporter					

	Date	Détail de l'opération	REPORT	Dépense	Recette	Solde débiteur	Solde créditeur
1.							
2.							
3.							
4.							
5.							
6.							
7.							
8.							
9.							
10.							
11.							
12.							
13.							
14.							
15.							
16.							
17.							
18.							
19.							
20.							
21.							
22.							
23.							
24.							
25.							
26.							
27.							
28.							
29.							
30.							
31.							
	Date	Détail de l'opération	A Reporter	Dépense	Recette	Solde débiteur	Solde créditeur

	Date	Détail de l'opération	Dépense	Recette	Solde débiteur	Solde créditeur
		REPORT				
1.						
2.						
3.						
4.						
5.						
6.						
7.						
8.						
9.						
10.						
11.						
12.						
13.						
14.						
15.						
16.						
17.						
18.						
19.						
20.						
21.						
22.						
23.						
24.						
25.						
26.						
27.						
28.						
29.						
30.						
31.						
	Date	A Reporter	Dépense	Recette	Solde débiteur	Solde créditeur

Date	Détail de l'opération	REPORT	Dépense	Recette	Solde débiteur	Solde créditeur
1.						
2.						
3.						
4.						
5.						
6.						
7.						
8.						
9.						
10.						
11.						
12.						
13.						
14.						
15.						
16.						
17.						
18.						
19.						
20.						
21.						
22.						
23.						
24.						
25.						
26.						
27.						
28.						
29.						
30.						
31.						
Date	Détail de l'opération	A Reporter	Dépense	Recette	Solde débiteur	Solde créditeur

			REPORT	Dépense	Recette	Solde débiteur	Solde créditeur
	Date	Détail de l'opération		Dépense	Recette	Solde débiteur	Solde créditeur
1.							
2.							
3.							
4.							
5.							
6.							
7.							
8.							
9.							
10.							
11.							
12.							
13.							
14.							
15.							
16.							
17.							
18.							
19.							
20.							
21.							
22.							
23.							
24.							
25.							
26.							
27.							
28.							
29.							
30.							
31.							
	Date	A Reporter		Dépense	Recette	Solde débiteur	Solde créditeur

		REPORT			
Date	Détail de l'opération	Dépense	Recette	Solde débiteur	Solde créditeur
1.					
2.					
3.					
4.					
5.					
6.					
7.					
8.					
9.					
10.					
11.					
12.					
13.					
14.					
15.					
16.					
17.					
18.					
19.					
20.					
21.					
22.					
23.					
24.					
25.					
26.					
27.					
28.					
29.					
30.					
31.					
Date	Détail de l'opération	Dépense	Recette	Solde débiteur	Solde créditeur
	A Reporter				

		REPORT				
Date	Détail de l'opération	Dépense	Recette	Solde débiteur	Solde créditeur
1.						
2.						
3.						
4.						
5.						
6.						
7.						
8.						
9.						
10.						
11.						
12.						
13.						
14.						
15.						
16.						
17.						
18.						
19.						
20.						
21.						
22.						
23.						
24.						
25.						
26.						
27.						
28.						
29.						
30.						
31.						
Date	Détail de l'opération	Dépense	Recette	Solde débiteur	Solde créditeur
	A Reporter				

		REPORT				
Date	Détail de l'opération	Dépense	Recette	Solde débiteur	Solde créditeur

#	Date	Détail de l'opération	Dépense	Recette	Solde débiteur	Solde créditeur
1.						
2.						
3.						
4.						
5.						
6.						
7.						
8.						
9.						
10.						
11.						
12.						
13.						
14.						
15.						
16.						
17.						
18.						
19.						
20.						
21.						
22.						
23.						
24.						
25.						
26.						
27.						
28.						
29.						
30.						
31.						

Date	Détail de l'opération	A Reporter	Dépense	Recette	Solde débiteur	Solde créditeur

			REPORT				
	Date	Détail de l'opération	Dépense	Recette	Solde débiteur	Solde créditeur
1.						
2.						
3.						
4.						
5.						
6.						
7.						
8.						
9.						
10.						
11.						
12.						
13.						
14.						
15.						
16.						
17.						
18.						
19.						
20.						
21.						
22.						
23.						
24.						
25.						
26.						
27.						
28.						
29.						
30.						
31.						
		A Reporter	Dépense	Recette	Solde débiteur	Solde créditeur

		REPORT			
Date	Détail de l'opération	Dépense	Recette	Solde débiteur	Solde créditeur
1.					
2.					
3.					
4.					
5.					
6.					
7.					
8.					
9.					
10.					
11.					
12.					
13.					
14.					
15.					
16.					
17.					
18.					
19.					
20.					
21.					
22.					
23.					
24.					
25.					
26.					
27.					
28.					
29.					
30.					
31.					
Date	Détail de l'opération — A Reporter	Dépense	Recette	Solde débiteur	Solde créditeur

			REPORT				
	Date	Détail de l'opération	Dépense	Recette	Solde débiteur	Solde créditeur
1.						
2.						
3.						
4.						
5.						
6.						
7.						
8.						
9.						
10.						
11.						
12.						
13.						
14.						
15.						
16.						
17.						
18.						
19.						
20.						
21.						
22.						
23.						
24.						
25.						
26.						
27.						
28.						
29.						
30.						
31.						
	Date	A Reporter	Dépense	Recette	Solde débiteur	Solde créditeur

	Date	Détail de l'opération	Dépense	Recette	Solde débiteur	Solde créditeur
		REPORT				
1.						
2.						
3.						
4.						
5.						
6.						
7.						
8.						
9.						
10.						
11.						
12.						
13.						
14.						
15.						
16.						
17.						
18.						
19.						
20.						
21.						
22.						
23.						
24.						
25.						
26.						
27.						
28.						
29.						
30.						
31.						
	Date	À Reporter	Dépense	Recette	Solde débiteur	Solde créditeur

	Date	Détail de l'opération	Dépense	Recette	Solde débiteur	Solde créditeur
		REPORT				
1.						
2.						
3.						
4.						
5.						
6.						
7.						
8.						
9.						
10.						
11.						
12.						
13.						
14.						
15.						
16.						
17.						
18.						
19.						
20.						
21.						
22.						
23.						
24.						
25.						
26.						
27.						
28.						
29.						
30.						
31.		A Reporter				

Date	Détail de l'opération	REPORT	Dépense	Recette	Solde débiteur	Solde créditeur
1.						
2.						
3.						
4.						
5.						
6.						
7.						
8.						
9.						
10.						
11.						
12.						
13.						
14.						
15.						
16.						
17.						
18.						
19.						
20.						
21.						
22.						
23.						
24.						
25.						
26.						
27.						
28.						
29.						
30.						
31.						
Date	Détail de l'opération	A Reporter	Dépense	Recette	Solde débiteur	Solde créditeur

			REPORT				
	Date	Détail de l'opération	Dépense	Recette	Solde débiteur	Solde créditeur
1.						
2.						
3.						
4.						
5.						
6.						
7.						
8.						
9.						
10.						
11.						
12.						
13.						
14.						
15.						
16.						
17.						
18.						
19.						
20.						
21.						
22.						
23.						
24.						
25.						
26.						
27.						
28.						
29.						
30.						
31.						
		A Reporter	Dépense	Recette	Solde débiteur	Solde créditeur

	Date	Détail de l'opération	Report	Dépense	Recette	Solde débiteur	Solde créditeur
1.							
2.							
3.							
4.							
5.							
6.							
7.							
8.							
9.							
10.							
11.							
12.							
13.							
14.							
15.							
16.							
17.							
18.							
19.							
20.							
21.							
22.							
23.							
24.							
25.							
26.							
27.							
28.							
29.							
30.							
31.							
	Date	Détail de l'opération	A Reporter	Dépense	Recette	Solde débiteur	Solde créditeur

			REPORT				
	Date	Détail de l'opération	Dépense	Recette	Solde débiteur	Solde créditeur
1.						
2.						
3.						
4.						
5.						
6.						
7.						
8.						
9.						
10.						
11.						
12.						
13.						
14.						
15.						
16.						
17.						
18.						
19.						
20.						
21.						
22.						
23.						
24.						
25.						
26.						
27.						
28.						
29.						
30.						
31.						
	Date	Détail de l'opération — A Reporter	Dépense	Recette	Solde débiteur	Solde créditeur

	Date	Détail de l'opération	Dépense	Recette	Solde débiteur	Solde créditeur
		REPORT				
1.						
2.						
3.						
4.						
5.						
6.						
7.						
8.						
9.						
10.						
11.						
12.						
13.						
14.						
15.						
16.						
17.						
18.						
19.						
20.						
21.						
22.						
23.						
24.						
25.						
26.						
27.						
28.						
29.						
30.						
31.						
	Date	A Reporter	Dépense	Recette	Solde débiteur	Solde créditeur

		REPORT				
Date	Détail de l'opération	Dépense	Recette	Solde débiteur	Solde créditeur

	Date	Détail de l'opération	Dépense	Recette	Solde débiteur	Solde créditeur
1.						
2.						
3.						
4.						
5.						
6.						
7.						
8.						
9.						
10.						
11.						
12.						
13.						
14.						
15.						
16.						
17.						
18.						
19.						
20.						
21.						
22.						
23.						
24.						
25.						
26.						
27.						
28.						
29.						
30.						
31.						

Date	Détail de l'opération	Dépense	Recette	Solde débiteur	Solde créditeur
	A Reporter				

	Date	Détail de l'opération	REPORT	Dépense	Recette	Solde débiteur	Solde créditeur
1.							
2.							
3.							
4.							
5.							
6.							
7.							
8.							
9.							
10.							
11.							
12.							
13.							
14.							
15.							
16.							
17.							
18.							
19.							
20.							
21.							
22.							
23.							
24.							
25.							
26.							
27.							
28.							
29.							
30.							
31.							
	Date	Détail de l'opération	A Reporter	Dépense	Recette	Solde débiteur	Solde créditeur

			REPORT				
	Date	Détail de l'opération		Dépense	Recette	Solde débiteur	Solde créditeur
1.							
2.							
3.							
4.							
5.							
6.							
7.							
8.							
9.							
10.							
11.							
12.							
13.							
14.							
15.							
16.							
17.							
18.							
19.							
20.							
21.							
22.							
23.							
24.							
25.							
26.							
27.							
28.							
29.							
30.							
31.							
	Date	Détail de l'opération	A Reporter	Dépense	Recette	Solde débiteur	Solde créditeur

Date	Détail de l'opération	REPORT			
		Dépense	Recette	Solde débiteur	Solde créditeur
1.					
2.					
3.					
4.					
5.					
6.					
7.					
8.					
9.					
10.					
11.					
12.					
13.					
14.					
15.					
16.					
17.					
18.					
19.					
20.					
21.					
22.					
23.					
24.					
25.					
26.					
27.					
28.					
29.					
30.					
31.					
Date	A Reporter	Dépense	Recette	Solde débiteur	Solde créditeur

	Date	Détail de l'opération	REPORT Dépense	Recette	Solde débiteur	Solde créditeur
1.						
2.						
3.						
4.						
5.						
6.						
7.						
8.						
9.						
10.						
11.						
12.						
13.						
14.						
15.						
16.						
17.						
18.						
19.						
20.						
21.						
22.						
23.						
24.						
25.						
26.						
27.						
28.						
29.						
30.						
31.						
	Date	A Reporter	Dépense	Recette	Solde débiteur	Solde créditeur

	Date	Détail de l'opération	REPORT	Dépense	Recette	Solde débiteur	Solde créditeur
1.							
2.							
3.							
4.							
5.							
6.							
7.							
8.							
9.							
10.							
11.							
12.							
13.							
14.							
15.							
16.							
17.							
18.							
19.							
20.							
21.							
22.							
23.							
24.							
25.							
26.							
27.							
28.							
29.							
30.							
31.							
	Date	Détail de l'opération	A Reporter	Dépense	Recette	Solde débiteur	Solde créditeur

			REPORT				
	Date	Détail de l'opération		Dépense	Recette	Solde débiteur	Solde créditeur
1.							
2.							
3.							
4.							
5.							
6.							
7.							
8.							
9.							
10.							
11.							
12.							
13.							
14.							
15.							
16.							
17.							
18.							
19.							
20.							
21.							
22.							
23.							
24.							
25.							
26.							
27.							
28.							
29.							
30.							
31.							
	Date	Détail de l'opération	A Reporter	Dépense	Recette	Solde débiteur	Solde créditeur

			REPORT				
	Date	Détail de l'opération	Dépense	Recette	Solde débiteur	Solde créditeur	
1.							
2.							
3.							
4.							
5.							
6.							
7.							
8.							
9.							
10.							
11.							
12.							
13.							
14.							
15.							
16.							
17.							
18.							
19.							
20.							
21.							
22.							
23.							
24.							
25.							
26.							
27.							
28.							
29.							
30.							
31.							
	Date	Détail de l'opération	A Reporter	Dépense	Recette	Solde débiteur	Solde créditeur